SZALAI MIKLÓS

Véremmé lettél …

novum pro

Ez a **könyv**
e-könyvként
is elérhető

© 2024 novum publishing

Minden jog fenntartva,
beleértve a mű film,
rádió és televízió, fotómechanikai
kiadását, hanghordozón és elektronikus
adathordozón való forgalmazását,
valamint kivonat megjelentetését, illetve
az utánnyomását is.

ISBN 978-3-99146-739-7
Lektor: Sósné Karácsonyi Mária
Borítókép: Valio84sl | Dreamstime.com
Borító, tördelés & nyomda:
novum publishing

www.novumpublishing.hu

Nyomtatva az Európai Unióban
környezetbarát, klór- és savmentes,
fehérített papírra.

Print product with financial
climate contribution
ClimatePartner.com/16547-2311-1001

Tartalomjegyzék

Véremmé lettél...

Véremmé lettél, lüktetsz bennem,
Éltetsz, formálsz, itt meg ott vagy,
Súlyod van, lehúzol, vinnem kell mégis,
Jó vagy, meg rossz is énnekem.

Kínzol és kísérsz és kérdezel,
Lágy vagy és kemény, meg tiszta
Forrás vagy, ágy és takaróm
Vagy, leszel és legyél!

Kínom vagy és boldogságom,
Erdőm, patakom, forrásom,
Járatlan utam és bokraim,
Zengés, villámlás, mennydörgő harag.

Élsz, jössz-mész, dalolsz,
Mézédes vagy és keserű,
Titkom vagy és igazságom,
Emelt fővel lépdelek – feléd, neked...

Keserűanyám

Megszültél engem kínkeservesen.
Vér, könny, cafatok röpködtek a kisbaba körül,
Nagy sírás volt... aztán meg roppant csend lett.
Mostan itt vagyok én, falapot gyalulok, teszek-veszek
Mélyeket lélegzem a friss levegőből...

Mostan itt vagyok én, a Szent István parkban
Őszi avarban lépdelek, leveleket rugdosok,
Fel-feltekintek a csillagokra
Magányosan, hisz' te vagy az anyám.

Együtt

Nem jámborok, mi vadak vagyunk,
Együtt kószálunk a falakon kívül
Erdő-mező furcsa virága vagy,
És kohóidban tisztul a szívem...

Születni...

Születni másodszor, kínban-elesetten,
Indulni meg-megremegve, előttem út, ismeretlen,
Botlik a lábam, mellettem ág reccsen:
Szenvedek-születek szerelemben...

Levegőt venni fájó mellkassal,
Küszködni megzavart, hínáros szívvel,
Hinni kétkedve, félig-értett szavakkal:
Életbe fogódzni a szerelemmel...

Fájdalmas tavaszban tiszta forrásra lelni,
Hinni jövőben, ami már rég nincsen,
Tüskétől ösztökélve mindig tovább menni...
Titkom: születni újjá szerelemben...

Rongyos-mocskos ruhámban
Hó, dér lepi be a testem,
Lettem hangyaboly és kúszom a sárban,
Míg magamra ébredek – a szerelemben.

Lettél...

Lettél nekem keresztem, s lettél Feltámadásom,
Lettél nekem rögös utam, lettél igazságom,
Kínjaimtól érlelt, szép szirmú virágom –
Lettél mindenemmé ezen a világon.

Költözz...

Költözz belém most, szerelem,
Rakj fecskefészket csontjaim eresze alá,
Édes-fájó-szép titkom legyél nekem,
Szelíden taníts, mesélj, de sose magyarázz!

Ereimnek erdejében járj-kelj,
Belső lápomon titkos tündér legyél,
Itass meg kulacsod friss vizével
S takarj be, ha diderget a szél!

Légy ki nem alvó tűz a bensőmben,
Égjél bennem, mint a Mózes csipkebokra,
Akarom, hogy lángod belülről emésszen,
S legyek tevéled az Isten ostora!

Történetemnek titkos értelme lettél,
Rejtjeles írás vén kódex lapjain,
Mértékeddel szépen szabaddá tegyél,
S dús percekre szabdald napjaim!

Érjél meg

Érjél meg bennem, szerelem,
Borulj virágba, teremjél fürtöket,
Érjél meg, járj át, hatolj a szívembe,
Ekém légy, szántsd fel a földemet...

Érjél meg bennem, szerelem,
Sejtjeimbe, pórusaimba ivódj,
Dúlj fel, légy vihar egemen,
Pusztíts el, a sebeimbe szórd a sót...

Érjél meg bennem, szerelem,
Borzold viharként víztükrömet,
Érj meg, érleljél engem is, taníts meg önmagamra
Neveljél fel, mint árva gyermeket...

Érjél meg bennem, szerelem,
Adj békét, adj szelíd halált,
Szórd szét hamvaim a földeken:
Szerelem, légy nekem hazám!

Sebzetten

Tudom, mert még meg nem öregedtem –
Én újra itt vagyok most, emberek,
Mint Philoktetesnek, előttem küldetésem,
Tudom, hogyan-miért vagyok köztetek…

Éget engem, miként őt, a görögöt a nyílt seb
A harminc éves, a kígyó-marta gennyed…
De te vezetsz már, tudom-érzem,
Mindig fogom kezemmel a kezed…

Bosszúról nem tudok, a kezem simogatni akar,
Gyógyfüvet, Aszklépioszom, te adj nekem,
Kísérlek esőben, hadd verjen zivatar…
Türelmet, békét lelek fekhelyeden…

Fogd meg a kezem most, szerelem:
Még nem járt, szebbik útra te vezess el,
Legyen nem-múló tükröd a két szemem…
S testvérként vegyüljek az emberekkel…

Rika

A csúnyácska, vad leányt szerettem,
Kerteknek alján riadtan elfutót,
Ki csak áll szomorún, dacosan, magában,
A haja zilált, az álma hív bakót...

Kószácska leányt szerettem én,
Ki durcásan néz, a fejét lehajtva
Szíve nehéz kő, úgy hordozza,
Ágy nem várja, nem hívja többé anyja...

Őt szerettem én, a mindig magányost,
Kinek fejében megfészkel gondolat:
A halállal játszót, a komort, a nékem halálost
Cipősarka nyomán a földből vér fakad...

Ó, úgy szerettem én, mint hívő kamaszkoromban
Az Úristent, haragos Jehovát,
Ki parancsol, szemöldjét összevonva:
Ha jó is olykor, szemében mindig ott a vád!

Zsidóknak Szináj hegyére leszállott,
Törvényt adó, szigorú Urát,
Ó, ezt leltem én meg tebenned,
Lemosom magamról gyötrelmes út porát!

Hisz' hozzád vitt – s már csak ez számít –,
Leülhetek, tarisznyámból előveszem a vacsorát,
Megtért zsidód lettem, gázkamrák füstje leülepszik,
Köztünk vagy újra, Adonáj!

Kiűzetés

A Paradicsomon kívül –
Mert elhagyott bennünket végleg az Úr –,
Ketten ülünk egy tűz mellett,
Lehajtott fejjel, fázva, szótlanul.

Az Úr elhagyott minket végleg,
És senkié lett a világ,
De szívünkben erő, szeretet ébred:
Kettőnkből fakad a virág.

Fakad a virág az új tavaszban,
Barázdát húzunk meggyötört földeken,
Valami életre hív a szavadban:
Feltűrt ingben a magvakat vetem!

Valami életre hív a szavadban,
Vetek, aratok, s néha leülök hozzád:
Osztozunk kenyéren, vízen a kulacsban
Megfogom a kezed és keresem a szád!

Szerelem

A pusztában, hol sírva bujdokoltam,
Az Isten elhagyott, embernép kivetett,
Egyszerre megrendült a föld alattam,
Az ég meghasadt, az eső megeredt...

S források nyíltak erre-arra
A száraz, durva, izzó talajon,
Én letérdeltem a forrásra hajolva,
Mert éreztem, hogy rád, mindig csak terád szomjazom!

S felfakadt a forrásból az Élet:
Én ittam, ittam, megittalak, hogy kísérj utamon,
Lettél nekem beteljesült ígéret,
S mentem tovább tisztán, szabadon.

Alkony a hídnál

Az élet alkonyára érve én
Boldog-szomorún elmerengek,
Széttekintek még egyszer a tájon,
S egyenes derékkal elmegyek.

Éltem köztetek... kivert kutyátok voltam,
Kevéske örömre, jó szóra mindig éhesen,
Fészekmeleget vittem magammal,
Tarisznyámban lapult, mellette: félelem.

Féltem, gyűlöltem és mindig hazudtam,
De hát így sem kellettem senkinek,
Mind elmúlt már, s én szóltam önmagamhoz:
Gyermek vagy te: mesekönyv, játék, az való neked!

Hazám e város, és róla a te arcod
Nem törli le eső, szél, vihar...
Megállok benne egyedül,
Szívembe kínok kínja, fájdalom nyilall.

A fájdalommal eljegyezve néked
Ballagok tovább a sír felé,
Az égre írom fel neved:
Volt, nem volt szerelem – s én meghalok belé...

Ahol te jársz...

Ahol te jársz, ott mindig éjszaka van,
Cipőd koppan keményen a fagyban,
Csillog a holdfényben sápadt arcod:
Ahol te jársz, ott mindig éjszaka van...

Megzizzennek jöttödre a kalászok,
Elibéd terül a szántóföld meghódoltan,
Szép királylány, büszkén mégy az éjben,
Ahol te jársz, ott mindig éjszaka van...

Hajad rövidre vágva és a szádnak íve
Feszes-keményre összezártan,
Orrod íve büszkén tart előre:
Ahol te jársz, ott mindig éjszaka van...

Harapnám húsod, mint a szopós gyermek,
De mell helyett csak követ lel fogam,
Hisz' mindhiába leltem meg a szerelmet:
Mert ahol te jársz, ott mindig éjszaka van...

Gyümölcs

A vékonyka ágon cibált,
Erre-arra rángatott a szél,
Vert az eső, fújtatva jött
S megkínzott engem a tél.
Anyámra, fámra ráborult
A szürke, borús alkonyat,
Foltok értek körte-héjamon,
Építgettem árva sorsomat.
A hallgatag, komor sors, a párkám
A percekbe egyre percet ölt,
S elébed hull most a teljesség
A megérlelt gyümölcs!

Malomban

Malomkövek faragnak rajtad
S megtanulsz nemet mondani,
Szíved köré burkot növesztesz
Hisz' titkot őriz: meg kell tartani.

Színlelni-szeretni egyként tudok,
Míg bent növekszik belső gyermekem,
Ő más lesz, mint én – erős, mint volt a Sámson:
Hangjától visszhangzik a zsarnok-terem.

Kik megalázva, láncon vezették fel,
Nem alkuszik meg többé azokkal,
Ha halni kell, hát elesik szépen, bátran,
S teremt majd szépet erős karokkal...

Kazinczy utca

Negyven év elmúlt nyomtalan fölöttem,
Maradtam, mi voltam: sápadt, lázas kamasz.
Állok áhítattal házad kapujában,
Ima száll fel Hozzád, nem vád, nem panasz...

Hitetlenül is a te híved maradtam,
Törvényed igáját fájva hordozom,
Szárnyaimat letörte már a nagy Kéz,
De tiszta szívemhez nem fér a korom...

„Milyen félelmetes ez a hely..."
Templomtetőről int héber felirat,
Ott bent lakik szent könyved, a Tóra,
Van, ki szerint meghaltál, s van, aki sirat...

Siratlak én is elárvult, öreg szívvel,
S titkon várom: egyszer visszatérsz,
Így vagy úgy, de visszakaplak Téged,
Sófár szava hangzik, s megáld majd a Kéz.

Kínom virága

Sok-sok óra, kevéske napfény érlelt meg téged,
Kínok-kínja táplált, te kicsike virág,
Míg megleltelek lelkem legmélyében,
Míg hozzád űzött a bomló, a szétesett világ...

Mit odahagytam érted undorodva,
Úgy éreztem: alkudjon meg vele más...
Olyan, kiben nem szól az Égnek tiszta hangja,
S nem tudtam még, hogy lesz-e folytatás...

Hol halmokban termett a szemét, a sár,
Hol piszkos löttyben úszott hulladék,
Ott teremtél meg, ott nőttek szirmaid,
S reád tekintett a fényes Ég...

Mocskos, elhagyott verem-mélyben
Rád leltem egyszer, kicsinyke virág,
S nem engedlek soha el már téged,
Hordozlak, mint édes, szeretett igát...

Kínoknak virága...

Kínoknak virága nyílt szívemben,
Vas borona szaggatta körötte a talajt,
Isten ültetett el tiszta magvat bennem,
S az ég meg a föld szelíden betakart.

Álmodtam szépet, voltam kicsiny gyermek,
Sápadt, nyurga kamasz, ki került iskolát,
Magányos férfi, ki kajtatna szerelmet,
S különc tudós, ki könyvet könyvre vált.

A Napba nézek, érzem ragyogását,
Hisz' még itt vagyok, még nem vagyok halott,
Érzem még a létnek sokféle varázsát,
Elmondani nehéz, hát inkább hallgatok...

Ti emberek, ti mások, ti szabadok-szépek,
Mondjatok valamit, többé ne bántsatok!
Bűnhődtem vétlen és mikor voltam vétkes,
Bűnhődtem, mert éltem, mert voltam, mert... vagyok!

Nem gyógyul

Már nem heged bennem soha be az a seb,
Véres csíkok húzódnak lelkemen,
Még sincs számomra semmi édesebb,
Mint ez az érzés – mert le nem tehetem...

Feltör a vérző sebből minden, ami voltam,
Mi vagyok, s mi egyszer tán leszek,
S az is, mi maradok immár holtomiglan,
Kínoz, de magasba emel e kereszt...

Megállok most, a szemem múltamba réved
Rád talál, felvesz, meg is simogat...
Egyszer tán a te szíved is békében felébred,
S felkeresed majd szép síromat...

Ne szépelegj, ne szomorkodj, s ne bánd
Mi történt, mit visszavonni nem lehet...
Búcsúzz el tőlem, de azt ne kívánd
Hogy ne kísérjen el a szeretet...

Messze

Messze vagy már, s láthatárom szélén
Zsugorodik karcsú, fekete alakod,
Messze vagy már, de utánad bámulok még,
Rágom, legyűröm a keserű falatot...

Messze vagy már, de titkom maradsz örökre,
Nem beszélek rólad többé senkivel,
Halálomig hordozlak szívemben,
Egyszervolt csók a bérem, beérem ennyivel...

Adatott nekem nehéz sors, bánat,
Emléked ízétől keserű a szám...
Bírám lettél mindig-zord szavaddal,
Hűségem tiéd e rongyos kis tanyán...

Rongy létnek tanyáján meghúzom magam,
Dideregve gyújtok kicsinyke parazsat,
Melegszem emlékednél, idézem pár szavad:
Az élet ennyi volt, s most már ennyi is marad.

Nem ad vissza...

Nem ad vissza senki nekem téged
Halott az utcád, nem laksz ott te már,
Csak én járok még néha arra, szomorú kísértet,
Kocsik között bóklászva rám fröccsen a sár...

Be-betérek olykor a sötét kapualjba,
Csendben böngészem az új lakók nevét,
Megriadok minden kicsinyke zajra,
Szürke lettem már, halott kis veréb...

A világ legkisebb liftje újra felvisz engem,
Az első csókunk újra csattan ott,
Újraélem az utolsó szerelmem,
Sírnék, de már sírni sem tudok...

Lettem neked hűségesed, szolgád,
Emlékeden merengve utolér a tél,
Hullik az idő, hullik a por reád,
S lehullok én is, mint ősszel falevél...

Kétkedő szívembe oltottál hitet,
Ültettél lelkembe szépet, virágokat,
Munkálsz bennem most is, lettél örök frigyes,
Hívom az erődet, hívom titkodat...

S míg elsötétül éltem horizontja,
Felemelem fejem, vívom harcomat,
Halál sem fog rajtam, mert szép titkom kibontja
A szerelem, a szépség, s a harag...

Ima

Mindig velem vagy, bár már sosem látlak
Mégsem múlsz el belőlem soha
Hisz' mélyebben vagy bennem önmagamnál,
S tán egyszer felnevelsz, te édes mostoha...

Asztalomon tiszta arcod, a képed
S a kis doboz, mit tőled kaptam én,
Könny, harag, bűntudat forrongnak bennem,
És mindenen túl egy csöppnyi fény...

Kicsinyke fény – de megér nekem mindent,
Elvakít tán, de magasba emel
Benned találtam egyszer bolond estén,
Megmaradt nékem, és nem engedlek el...

Könyv...

Könyv lettél bennem, aranyszegélyű
Bibliapapírra írt meg nekem Valaki,
Ódon, szépséges fóliáns, benne sok betű
Végig peregnek előttem lapjai...

Öregedő szemem tekintete űz,
Lapok fordulnak, sorok közt olvasok,
Meztelenséged rejtik a betűk,
De elsuhansz mindig: nem tárul a titok...

Könyv lettél, de más, mint amazok:
A többi könyvem vigasz, te meg fájdalom,
Azok csendes patak, te meg elsodorsz,
Te vad folyam, kitől nincsen oltalom

Beléd olvasok még egyszer-egyszer,
Megcsap a régi könyv, múlt szerelem illata,
Ismeretlen tájakról üzen nekem
A cirkalmas, fekete kalligráfia...

Csillag

Estébe hajló életemnek
Lettél vakító csillaga,
Egyenes léptekkel megyek,
Köröttem esti mezőknek illata...

Rettent a sír? Egyszer talán
Rettentett, de többé már soha...
Megy az ember a maga útján
Míg el nem vásik bocskora...

Hordozlak téged szép szívemben,
El nem hágy többé szavadnak ostora...
Jó voltál? Vagy rossz is? A kulcsot nem lelem,
Zavart vagyok tán, vagy csak ostoba?

Mit bánom én, ha kínzó kérdésemre
Csak tompa visszhang, csak a Semmi felel,
Mint üldözöttnek, miért szenvedett, az eszme,
Nyomoromban is kenyerem leszel...

Tiszta hitem, kísérj el a sírig,
S kísérjen ő is, kitől egyszer kaptalak,
Az emlék, a szó elhatol a szívig,
Lásd: én csillagnak mondalak...

Tíz

Tíz éve most, de az ős kráterből
A múltnak vágya fellobog,
Tíz éve már, de az érzés él,
A kráterben láva kavarog!

Az érzés él és éltet engem,
Míg ízlel a nyelv s míg lát a szem,
Tiszta kristállyá alvadt a láva:
Megérlelt engem a szerelem.

Emberré tett és szól bennem a hangja,
Hangod erős, tiszta és igaz,
Mint híveket a templomnak harangja,
Úgy hív, bár tudom: nincsen vigasz.

Nincsen vigasz, mert jól tudom:
Többé már nem jössz sohasem,
De szép titokként bennem élsz,
Mint magot csonthéja, úgy őriz szívem.

Hordozlak téged szép szívemben,
Viszlek tovább a bús, kerge utamon,
Hisz' bolond voltam, s az is maradtam,
De az Égnek igáját hordozom!

Mint kaftános ősöm imaszíját,
A nevet hordom homlokon s szíven,
S mondok tehozzád bánatos imákat,
Te kegyetlen-szép szerelem.

Verem

Verem mélyén ritmus lüktet,
Torkomban ver a szívem,
Halál árnyékából jöttem...
Nem látott meg senki sem.

Kopott ruhát levet lelkem,
Vagyok néked meztelen,
Titkot, gyöngyöt, gyönyört, csodát
Föltár néked szerelem...

Halál felé indul léptem,
Jégtáblák törnek szét bennem,
Egésszé forrt mégis szívem:
Virág tenyész kertemben...

Oly kevésre...

Oly kevésre vágytam én, csak arra,
Hogy szívhassak veletek közös levegőt,
Hogy csellengjek fiúkkal erre meg amarra,
S játszhassak néha én is „nagymenőt"...

Hogy a moziban néha én is megérintsek
Egy megremegő fehér lánykezet
Hátradőlve, látszatra követve a filmet,
Félve-gyengéden – ahogy lehet...

Hogy értsek-tudjak valamit, kövessek
Abból is, mit ti láttok, ti szerettek,
Hogy lássak néha mást is szemetekben
A megvetésen, gúnyon kívül, emberek!

Ó, oly kevésre vágytam tőled, Élet,
Csak arra, ami mindenkinek jár,
Ennyit sem kaptam, de immár érte
Magamat sajnálni, haragudni kár...

Teszem hát, mit tennem kell,
Mit belső parancs diktál most nekem,
Mit megtehet a béna a tolószékben,
Mit idefújt a szél, a szerelem...

Sors

Pesti utcák, régi kapualjak
Őrzik titkom, őrzik sorsomat,
Bolyongtam köztetek, mint kóbor árnyék,
Nem voltam én jó királyfinak...

Koldusgöncökben, szeretetért esengve
Acélkemény lett köztetek szívem,
Meghalni nem akartam, ámde
Nem tudtam, nem mertem élni sem...

Ért bennem lassan lényem igazsága,
Mint Nórában a lázadás:
Férj, korszellem nem parancsolt néki,
Elment, üres lett a babaház...

Vágyva vágytam én is annak lenni,
Ki szokást, törvényt bátran megtagad,
Ki megkeresi majd a maga útját,
Él, ért és érez – ki szívében szabad...

Furcsa, régi este...

Reb Mayer Krausz, a metszőnk olvassa a Tórát,
Gyertyák fénye lebeg a szent tekercs fölött.
Reb Mayer olvassa: „és fölméne Mózes",
Mi történhet közötte s az Úr között?

Megbocsájt az Úr az Aranyborjú után?
Szétpattant Szövetség újra helyreáll?
„Orcámat emberszem nem láthatja..."
Szól az Úr, és Mózes a sziklarésben kis helyet talál...

Elvonul előtte a Hatalmas, a Szent
Hangját hallja, s mi mondjuk együtt:
Az Örökkévaló irgalmas, kegyelmes,
De nem hágy büntetlen soha bűnt...

Sziván hónap húsz van[1]... tudjuk, hogy miért
Olvassuk a Könyvből az Úrnak haragját:
Csak harmincöt éve múlt lágerek világa,
Mindenki gyászol: gyermekét, anyját, apját...

Reb Mayer Krausz olvassa a Tórát,
Lebeg fölöttünk a harag s a megbocsátás,
Kántorhang zengi az „Irgalommal teljes"[2]-t,
S fényes felhőben megy a nép tovább...

Mert kiválasztott minket a nagy Ismeretlen,
Megjelölt kis jellel férfitestemen,
Génjeimben hordom a bús igézetet,
Folytatódik velem a szent történelem...

---

1 A magyarországi ortodox zsidóság vezetői 1946-ban úgy döntöttek,
hogy a zsidó naptár szerint Sziván hónap huszadikát teszik meg a Ho-
locaust emlék- és böjtnapjává.
2 „Irgalommal teljes"... („El molé rachamim"): A zsidó temetéseken, ha-
lottakra való emlékezésnél énekelt gyászének.

36

Válj hitté...

Válj hitté bennem, szerelem,
Légy az igaz szó nyelvem alatt,
Lüktess bennem, mint vér az ereimben,
Te légy az, mi belőlem megmarad...

Legyél az bennem, amin nem fog a halál,
Mint vértanúnak, miért szenvedett, az eszme,
Forrasszad össze csontjaim, s rám talál
Szenvedésben is a hitnek kegyelme...

Rejts el az erdőben, taníts meg szavaddal arra,
Hogyan legyek Szépségnek magányos harcosa,
Nem vár a menny, tudom, nincs a jónak jutalma,
Nemet mondtam mégis én a rosszra...

Mert nem volt hiába, hidd el, az utam,
S nem volt hiába a kettőnk szerelme:
Őrzöm a szikrát, mit tőled egyszer kaptam,
Ég bennem a fáklya, és a sorsom már betelve...

Fú a szél...

Őszi szél megrezzenti még
A lélek üvegablakát,
Az emlék néha megkísért,
Hűvösség fúj a lelken át...

Emlék, hűvös és kemény,
Lényed bennem felragyog,
Nem őrzi más, csak költemény,
S én megint egyedül vagyok...

Csikorog már a szélkakas,
De a lélek még értelmet keres...
Élet-romok közt kapkodva
Nem kérem már, hogy szeress...

Ragyog lángod, el nem múlik,
Megtisztító szerelem,
Az idő rád hiába hullik:
Életforrás vagy nekem...

Emléked

Ki éltet engem, ki minden utamon kísér,
Lágy, csendes szellő a fák között,
Ki lüktet bennem, mint szívben a tiszta vér,
Madárként szállsz a felhőim fölött...

Múlt szerelem, édes mézzé értél bennem
Szorgos méhek munkája nyomán a kasban,
A méz óv, erősít, táplálja gyenge lelkem,
Hisz' tartás is van az óvatos duhajban...

Ha itt volnál, hát mit mondhatnék most néked,
Mit adhatnék, míg bölcs-boldoggá öregszem,
Csak simogatnám szép szavakkal a lelked...
Lennél patinás fogadó, hová nyugodni betértem...

Múlt szerelem, a te tisztaságod, fényed
Ad erőt farkasszemet nézni elmúlással,
Múlt szerelem, én hálákat adok néked,
Míg künn a tél jön fagyos zúgásával...

Emlék

Büszkén állt a templom az arany alkonyatban
– A parkban szétszórt szemét és arab családok –,
Szentek szobrai álltak fenn, a magasban,
A Napba néztek, szemük a lentiből semmit se látott.

Sajgó szívvel siettem át azon a parkon,
A szerelem elpártolt, s messze a barátok,
A templom felé hajszolt valami, mert tudtam:
Meghalok, ha ott benn senkit sem találok…

Beléptem, némaság töltötte be a teret,
Egy asszony ült csak ott komoly csendben,
S szóltam: ha vagy, hát hallgass meg engem,
S az oltár előtt letérdepeltem…

Sírva kértem Azt, kit olyan sokszor
Szóval és tettel megtagadtam:
Adj nékem… hisz' tudod: titkon
Én mindig is a Te híved maradtam…

Adj nékem... mit is, mit is kérjek...
Égesd ki belőlem a gonosz hatalmat,
Tisztaságot, ó, azt adjál te nékem,
Égi, és nem földi birodalmat.

Tisztaságot, azt adj nekem te, Isten,
Hisz' gyönyör és pénz az jutott már nekem,
A tisztaságban nyugszik el a lelkem...
A tisztaság volt az, mit mindig kerestem...

Lassan csordultig tele lett szívem Veled,
Az asszony még ott ült néma csendben,
Éreztem: letettem előtted a terhet,
S mire kiértem, a város elmerült az estben...

Piszok és luxus együtt az esti Bécsben,
Sétáltam magamban a szállásom felé,
A nyüzsgő, szétesett világban-létben
Az egy Igazságot a lelkem meglelé.

Az úton...

Egy játékállat, kis dalnyi emlék,
Ennyi lett nekem az otthon, a haza...
Ártatlan gyermekkor, mondd csak, hová lettél?
Orromban még a tejbegríz jó szaga...

Vad vihar jött, rám tört a vész, a bánat,
Korbáccsal vert a sors, rám dőlt a ház...
Helyemet kerestem, de sosem találtam,
Hajszolt, meggyötört sokféle furcsa láz...

Könyvekben leltem üdvöt, szorítottam a szívemhez
A magányban meglelt szépet, a kultúrát,
Nevettek rajtam, rám tiportak, de nem adtam fel:
Nem kellett nekem kényelmes kurvaság...

Lehajtott fővel indulok, keresem a sírom,
A megnyugtató, a békítő hazát,
Amit rátok hagyok: kevéske limlom,
Amit írtam, s az anyaföld majd, tudom, megbocsájt...

Egyszer...

Csizmatalp alatt élt az ország,
Szűkös zugokban szürke életek,
Mégis visszavágyom én tehozzád,
Gyermekkorom, te régi Budapest.

Mozdíthatatlan szürke hatalomnak
Árnyékában tett-vett, mégis élt a nép,
Táplálékot adva a Malomnak
Egyben volt még, nem spriccelt szerteszét...

Anyám a konyhában, kenyér, méz, kakaó,
Beteg gyereknek néha reszelt alma...
Ágyban betakart valahogy a Jó,
Míg el nem múlt a láznak hatalma...

A sötétben féltem, mert megkeresett
A könyvekben látott sokféle borzalom,
Az ajtó alatt mindig fénysáv derengett:
Ott van Apa, tudtam, van hát oltalom...

Furcsa kisgyerek, fázós és szorongó,
Mindig szomjas és mindig tudákos,
Fölöttem Apám, a medve, a mindig morgó,
Világít homloka, a magas, harántos...

Velük...

Velük mondd, ki törődik, a magányosakkal,
Kik szorongatják tenyerükben azt, amijük van...
Élnek szerte szórva, rejtőzve erre-arra,
A társadalom mellékutcáiban...

A peremén a létnek élnek, de mégsem élnek,
Örülve, ha valaki ezt-azt odavet,
Életösztön még hajtja őket, de már rég nem remélnek,
Egyszer Napra nyíló rózsák voltak, gyermekek...

Kutya, macska, állatmeleg is jó nekik,
S a szép túlvilággal vigasztal a pap,
A szeretetet ők kérni nem merik,
Pótcselekvés, cigi, evés – így telik el valahogy a nap...

Ki gondol rájuk, őket ki szánja meg,
Ki fogja meg gyengéden a kezük,
Ki ad legalább valamit, keveset,
Hogy hiába mégse múljon életük...

Csak üszkös romok...

Csak üszkös romok maradtak utánad,
Fekete betűkkel megírt komor történelem,
Feldúlt pusztaságot, viharvert, halott tájat
Hagytál magad után bennem, szerelem.

Hamvába holt szerelem, keserves emlék,
Ülök itt utánad, talpig fekete gyászban,
Fel-felhorgad bennem még a vágy, a reménység,
Aztán... nézem a földet csendben, letargiában...

Magammal vagy százszor józanul beszélek:
Másként nem lehetett, hullania kellett annak a virágnak,
De berzenkedik bennem még egyre a lélek:
Mindegyre nemet mond az elmúlásnak...

Várj még, felkelek én, hiszen az erőt a jóra
Mintha ifjú lennék, úgy érzem magamban,
Nem halok meg, nem futok el szíre-szóra,
De teszem azt, mit tőled megtanultam...

Lehullt virág, hamvába holt szerelem
Ad erőt szívembe, erőt továbbmennem,
Lehullt virág, légy még egyszer termékeny bennem:
Hadd leljem meg magam – a szerelemben...

Utánad...

Mint vad, magányos vulkán, úgy lobogok,
Egész lényem izzik rőt katarzisában,
Nem lehettünk mi kicsit sem boldogok:
Tudom, nem volt annyi e matériában...

Az anyagban, mely tüzesen gyűrődik bennem,
Mint kontinensek alatt hajdan a magma,
De leszek inkább kenyér, melyet egyszer
Megkelesztett Valaki, s formál mindig hatalma...

A Nagy Kéz ide-oda lökdös, keményen nevelget,
Nem hágy nyugodni, néha tüzes vassal nyúl belém,
Hol ringat, hol gyötör, de soha el nem enged:
Nem hágy el engem fájdalom, nem hágy el remény...

Hát leszek konok, leszek a hitványakkal perlő,
Mint walesi bárdok, kikről szavalt az anyám,
Csak csattogok itt magamban, mint kereplő,
Vérrel írok szavakat szűk cellám falán...

Anyám

A földdarabot, mi alatt a test nyugszik, miből lettem,
A poros göröngyöt, azt már hiába csókolom,
Míg itt voltál, addig kellett volna téged szeretnem,
S hogy miért nem tettem, tudom is – nem is tudom...

Haragszom, mert beteg ölből lettem,
E világra koldulni, sírni, szenvedni jöttem,
Nem tudom, miért, mivégre teremttettem,
Nem is fogom megtudni – a nagyja már mögöttem...

Jöttem én belőled sírni is, meg írni,
Kisírt szemekre néha hozni enyhülést,
Megpróbáltam olykor embernek lenni,
Ölekből szürcsöltem nektárt – s ez sem kevés...

Más ölek őriztek s fogadtak magukba,
De a tiéd is mindig énvelem maradt:
Teher volt, szégyen, magammal vittem a zugba,
Hol meghúztam magam – kár, nem hamarabb...

Most itt vagyok, nézd, virágot is hoztam,
Ha vagy valahol, hát lásd: szeretlek én,
Meg kéne leljelek még egyszer, kit eldobtam,
Keresgéllek szerte, a Földnek kerekén...

A Törvény

Mert meg kell mondjam: vallásos nem vagyok,
De csendes órán még megkísért az ősi hit:
Kamaszkoromnak tiszta fénye felragyog,
Az Idő nem törte le a lélek szárnyait...

Velem a máglyára-mentek, a bélyegesek hite,
A dogma tán elmúlik, de mindörök a lényeg:
Nem enni-inni-nemzeni születtünk ide,
De keresni kincset, szolgálni a szépet...

Velem a könyvbe mélyedők, a talmud-tudósok arca,
Sok régi szófér[3] ír új Tórát szívemben,
E torz korba születve, ítélve mindig kudarcra,
Álomvilágoknak Don Quijotéja lettem...

Tán megmarad belőlem, mit kamasz fejekbe
A katedráról szerte szórtam: a tudás
Tán megmarad, mit szült éltemnek keserve
– Miért is nem kellett az alku, megfutás?

Ősök hite dörömböl bennem: sose add fel!
Bordáimon kopogtat e furcsa, vak erő,
Erő, mitől a haldokló, a nyomorult is felkel,
S bátorságra kap a reszkető...

---

3 Az ortodox zsidó közösségekben a Tóra-tekercsek írásával foglalkozó
személy.

Szüret

Magányos létnek hozama édes óbor,
Mit leereszt torkomon e kései szüret,
Elém tárul, mit termett új- meg ókor,
S nem törik meg bennem erő, lendület...

Mélyedni könyvekbe, bogarászni széjjel,
Mit szövegekre raktak a századok
Ez jutott nekem, s csinálom furcsa kéjjel:
Tudásnak sugara tán enyhít bánatot...

Léleknek kavargó poklában, sötét kráterében
Szunnyad, érik a szilaj, a teremtő erő...
Add még ki, Isten, részem a Szépben,
Mielőtt rám borul a csend, a temető...

Lélekben, mint gyöngykagyló húsában,
Érik titkom, csillogó igazgyöngy,
Nő a búza sorsom humuszában,
Tiszta szépség, mint nem fed el göröngy...

Töredék

Zavartan ébredve kínból-félálomból
Csak megyek tovább az országúton...
Pőre a lábam, sebes a térdem,
A szívem tiszta, s egy heg az arcomon...

Korty

Sorsom poharából kittam én a bort,
Keserű volt, színültig fájdalommal tele,
De legkeserűbb mégis az utolsó korty volt:
Síromig futok a szájamban vele...

Utolsó korty, keserű, kemény szavak,
Lesüllyedtek belém a lélek mélyire...
Bármi lesz még, tőled vett kínom megmarad:
Semmi sem fájhat most már ennyire...

Belém vetett szavak most is marnak,
S titkot érlelnek mégis szüntelen,
Földben a magvak megmaradnak,
S kalásszá érnek majd az ünnepen...

Arcul üt, megaláz az emlék, de mégis
Szeretni-keresni kerget,
Feszít-gyötör, de ezt-azt tán ígér is:
Ezt kaptam tőled – s ezért szeretlek!

Kölyökkor

Komoly, különös, csöndes este
A vén, vallásos zsidók között,
Leszállt a sötétség Budapestre,
Szívembe áhítat költözött...

Hit, hála, áhítat kísért
Viharos kamaszkor szirtjei között:
Az ősi vallás üdvöt nem ígért
De ezernyi szállal megkötött...

A testnek bűne, az persze megkísértett,
Ellenállni sem volt mindig erőm,
De elkergettem olykor a csúf lidércet,
Tiszta álmom is volt a heverőn...

Engesztelőnap estéjén mindig féltem,
Hogy letekint reám az Úr, a haragos:
Nem ittam, nem ettem, nem beszéltem,
Vágy és bűntudat, ezernyi tüske faragott...

Egy józan napon végre rádöbbentem:
Nincs ott senki, üres felettem az Ég,
Keresem azóta is, mit akkor elvesztettem,
Széthullott világban lesz még menedék?

A téren

A tér, a tér, ahol a szerelmet kerestem
Pénzért, mert máshogy nem lehetett,
A tér, ahol az ifjúságom vesztegettem,
A tér most tiszta, békés és modern lett...

Nincs már ott a Cola presszó,
És nem állnak sort a kurvák,
Nekem hiányoznak... becsszó!
Vegyítem magamban a finomat s a durvát...

Mert ott is találtam én néha ember-szóra,
Mert a sárban is a fű azért kizöldell,
A vágy, az bennem megmarad a jóra,
Míg nem válok eggyé majd az anyafölddel...

Prostik és bűnözők, beteg emberek
Kik között tellett a veszett ifjúságom,
Ha maradt még bennem kis emberszeretet,
Hát ajándékát tinéktek szánom...

Rendszer...

Fiam, meg mind, ki már utána született,
Kinek már nem rossz emlék, csak bús mese,
Hallgassatok, egy percre álljatok meg,
Még ha közötök hozzá semmi se...

Mikor barátod hívtad, ő surrogott a telefonba
Terjengett mindenütt, mint ocsmány ragály,
Amúgy kedélyes volt ő, csak ritkán goromba,
Rozsdálló emlékét itt-ott őrzi még a táj...

Levakarta rólunk ő az ember-mázat,
Szolgává tett és hülyített,
Szívünkben trónolt hazug alázat:
Az ember evett, ivott és ürített...

Nem hittük, hogy egyszer vége lehet,
Megszoktuk már, miként a rossz időt,
Fejünkbe hatolt, s ott mindent megkevert:
Hazug kábulatot adott, véle-békítőt.

S végre vége lett egy nem várt napon,
A helyén csak puszta romhalmaz maradt,
De új házat építni nem volt szorgalom,
Itt-ott nyúlik fel csak egy-egy faldarab...

Most itt vagyunk, s a szívünkben még
Tán lüktet egyszer egy új, tiszta ritmus,
De te akkor is mindig átkozott légy,
Holtadban is légy az, kommunizmus...

A sírnál

Én, ki most újra gyermeked lett,
Úgy szeretném, ha a földből felfakadna
Forrásként, mi voltál: a tiszta szeretet,
Ha valaki még téged visszaadna...

Zöld szemedben a folt, a barna
A teáskanna, ez mind az otthonom.
Cicákat simogatsz álmaimba',
Világod eltűnt, csak én siratom.

Régi könyvek, dalok, hamutartó,
Egy egész kis világ, mit most elsiratok,
Tán gyenge voltam, nem elég kitartó:
Sosem érem el, amit akarok...

Mert úgy szerettem volna még adni néked:
Megváltani még úgy akartalak,
Hogy kihúzzalak sorsod mocsarából,
Hogy süssön még rád kicsikét a Nap!

Nem lehet már, tudom, hát befedem a sírod,
Eltemetlek könnyes szemmel én:
Felnőttként én viszem tovább a te kínod,
S tán meglellek egy virágban, temető szegletén...

Árnyék

A bús árnyék még ott kísért
Kicsiny szobám sötét falán,
A kis doboz, mit tőled kaptam én,
Egyszer csak emlék lesz talán...

Fekete alakod nem ereszt,
Jártamban-keltemben kísér,
Közünk egymáshoz már nem lesz,
Szépet a sors már nem ígér...

Hol volt a szerelem, nem tudom,
Kerestem, ámde nem lelem,
A vihar dalát dúdolom,
Nem nyugszom meg már sohasem.

Nagy, fekete árnyékod befed,
Míg tücskök dalát hallgatom:
Szép vagy nem szép, már egyre megy,
S nem múlik a fájdalom...

Egy asszony

Bimbó-korodban fonnyadt el a léted,
Csak ingattad fejed, te szelíd kis virág,
Nem maradtál más, csak puszta ígéret,
Emléked ízétől még keserű a szám...

Homályban kóvályogva céltalan
Felesleges lettél te mindenkinek,
Sok imád úgy maradt, meghallgatatlan,
Mert nem kellettél te már senkinek.

Én lettem hát az egyetlen reményed,
A beteg öledből pattant kicsiny bimbó,
Ha tehetném, hát hintóba emelnélek,
Vagy nyargalásznék véled, mint csikó...

Pusztított téged a neurózis,
A háború, a szegénység, magány,
Egykor dús kerted ha magvakat szórt is,
Pusztaság lett végül, szomorú talány...

Nem tudom ma sem, ki voltál, ki lehettél,
Nem tudom, s többé nem is kérdezem:
Tovatűnsz, egemen kicsiny felhő lettél,
Nincs kulcsom a zárhoz, s már nem is keresem.

A szerző

Szalai Miklós Budapesten született, értelmiségi családban, 1964-ben. Az Anna Frank Gimnáziumban végzett, 1983-ban. AZ ELTE BTK filozófia–történelem szakára járt 1984–1990 között. 1999–2016 között az MTA Történettudományi Intézetének volt a munkatársa, közben a Corvinus Egyetemen és az ELTE Bölcsészkarán oktatott filozófiát, valamint sok társadalomtudományi, filozófiai szakszöveget fordított. 2001-ben történelemből (dualizmuskori magyar történelem), 2002-ben pedig filozófiából (angolszász analitikus filozófia) PhD fokozatot szerzett. 2010-ben kötött házasságot, ugyanebben az évben született Tamás fia. Két könyve (ifjabb Andrássy Gyula gróf élete és pályája – MTA Történettudományi Intézet kiadása, 2003, valamint Létezik-e Isten? L'Harmattan Kiadó, Budapest, 2006) jelent meg. Számos tanulmányt írt a Magyar Filozófiai Szemlébe, a Magyar Tudományba, a Világosságba, a Századokba, a Történelmi Szemlébe, és a Múltunkba. 2015-ben a Yad Vashem Intézet ösztöndíjával Izraelben töltött három hónapot, ahol a visszacsatolt Észak-Erdély zsidóságának történetét kutatta. Jelenleg Budapesten él, szabadidejében szépirodalmat olvas, filmeket néz, rajzol.

A kiadó

Aki feladja,
hogy jobbá váljon,
feladta,
hogy jobb legyen!

E mottó alapján a novum publishing kiadó célja az új kéziratok felkutatása, megjelentetése, és szerzőik hosszútávú segítése. Az 1997-ben alapított, többszörösen kitüntetett kiadó az egyik legjelentősebb, újdonsült szerzőkre specializálódott kiadónak számít többek között Ausztriában, Németországban és Svájcban.

Valamennyi új kézirat rövid időn belül egy ingyenes, kötelezettségek nélküli kiadói véleményezésen esik át.

További információkat a kiadóról és a könyvekről az alábbi oldalon talál:

w w w . n o v u m p u b l i s h i n g . h u